Hello beautiful!

WER SCHÖN SEIN WILL,
MUSS LACHEN.

AF202003

AM SCHÖNSTEN SIND WIR,

wenn wir niemandem gefallen wollen.

LASS DIR DEIN LEUCHTEN NICHT NEHMEN,

nur weil es andere blendet.

IMMER WENN WIR LACHEN,

stirbt irgendwo ein Problem.

WENN MAN KUSCHELT, REPARIERT MAN SICH GEGENSEITIG.

WIR SOLLTEN MANCHMAL EINFACH DAS TUN, WAS UNS GLÜCKLICH MACHT,

und nicht das, was vielleicht am besten ist.

ICH HABE HEUTE
NICHTS VOR ...

und liege perfekt
in der Zeit.

HURRA!!!

... ach nee, doch nicht.

Hoch die Hände,
WOCHENENDE!

VERGISS DIE WELT,

friss das Glück,
atme den Wahnsinn.

ICH MUSS LOS!
Die Schaukel
wird frei.

LIEBER ÖFTER MAL
VERRÜCKT SEIN!

Stinknormal kann ja jeder.

**ICH LEIDE NICHT
AN REALITÄTSVERLUST.**

Ich genieße ihn.

Ich habe

ÜBERSINNLOSE
FÄHIGKEITEN.

CHILL.

It's only chaos.

ES IST NIE ZU SPÄT,

nichts zu tun.

MEINE LUST IST GERADE LOSGEZOGEN, UM DIE MOTIVATION ZU FINDEN.

Jetzt sind beide weg.

Ich kann heute leider nicht zur Arbeit kommen.
MEIN HAMSTER HAT SCHNUPFEN.

VERNÜNFTIG IST WIE TOT.

Nur vorher.

LIEBER EIN BISSCHEN
GAGA SEIN, ALS WENN
ALLES EINFACH NUR
mau IST.

HAB SPASS UND FEIER DAS LEBEN!

Die Zeit ist zu kurz für Langeweile.

NO DRAMA, LLAMA!

Bleib immer schön chillig.

WENN DU JEMANDEN OHNE LÄCHELN SIEHST, schenk ihm einfach deins.

Be happy!

GLÜCKLICH STEHT DIR AM BESTEN.

Ich bin schon wieder völlig
UNTERSOMMERT.

URLAUB könnte ich auch hauptberuflich machen.

GIB DEINE TRÄUME NIEMALS AUF.

Schlaf weiter.

AUF EINER SKALA VON EINS BIS MÜDE BIN ICH

Dornröschen.

SORRY,
ICH HABE GERADE
NICHT ZUGEHÖRT.

Meine Gedanken waren besser.

Not my
PROBLEM ...

Geisteszustand:
UN! DOS! TRES!
IRGENDWASAUFSPANISCH
MARIA!

Life is better

AT THE
BEACH!

MACH MEHR
VON DEN DINGEN,

die dir das Gefühl geben,
am Leben zu sein.

BE COOL

and don't forget to hüpf!

Lass dich nicht unterkriegen.
SEI FRECH, WILD
& WUNDERBAR!

DAS SIND
KEINE MACKEN!
DAS SIND

special effects.

EIN BISSCHEN MEHR ERNST

täterätäte uns gut!

EIN BISSCHEN VERRÜCKT

ist völlig normal.

WENN MAL EINE *Schraube locker* IST,
HAT DAS LEBEN EIN BISSCHEN MEHR SPIEL.

Jeden Morgen dieselbe Frage:

WER BIN ICH UND WARUM SO FRÜH?

MACH DEIN DING
UND VERTRAUE AUF
DEINE STÄRKEN!

Irgendjemand findet
es sowieso doof.

BIN GERADE ETWAS
NEBEN DER SPUR.
Ist schön da!

FLAUSEN IM KOPF.

Der perfekte Airbag für die Seele.

ICH HABE MICH UMGESEHEN.

Wir sind die Coolsten hier.

DAS LEBEN
IST KEIN PONYHOF.

Aber eine Kasperletheater
vom Allerfeinsten.

AM RANDE
DES WAHNSINNS

hat man die beste Aussicht!

DAS LEBEN IST GROSSARTIG!

Du musst nur die passende Brille tragen.

Bildnachweis
Titel und Seite 23: © Neale Cousland/shutterstock.de
Seiten 1, 3, 7, 9, 15, 19, 21, 23, 25, 27, 29, 31, 33, 37, 43 und 47: © shutterstock.de
Seite 5: © minatocamera/stock.adobe.com
Seite 11: © Image Source/Getty Images
Seite 13: © otsphoto/stock.adobe.com
Seite 17: © American Images Inc/Getty Images
Seite 39: © John Lund/Stephanie Roeser/Getty Images
Seite 41: © 101cats/Getty Images
Seite 45: © grafikplusfoto/stock.adobe.com
Seite 49: © Axel Bueckert/EyeEm/Getty Images
Seite 51: © Michael Blann/Getty Images

Die Rechte für die Texte liegen bei den Autoren/Verlagen.
Trotz intensiver Bemühungen war es dem Verlag leider nicht in allen Fällen möglich,
den jeweiligen Rechtsinhaber ausfindig zu machen:
Für Hinweise sind wir dankbar. Rechtsansprüche bleiben gewahrt.

ISBN 978-3-86229-783-2

GW-Trading GmbH • Stadtring Nordhorn 113 • 33334 Gütersloh • Deutschland

© GRAFIK WERKSTATT Das Original
www.grafik-werkstatt.de